DÉLIBÉRATION

SUR

LES ASSIGNATS-MONNOIE,

Par le club des fils aînés de la révolution ; les plus vrais, les plus solides amis de la conflitution ; réunis sous le nom de Loyalistes.

Modesté ac circumspecté
Detantis. . . . Judicandum !
QUINTILIEN.

A PARIS,

Chez DEVAUX, Imprimeur-Libraire,
au palais-royal, N°. 181.

ET se trouve chez les marchands de nouveautés,

Le 21 septembre 1790.

EXTRAIT

Du registre des délibérations de la société des francs-constitutionaires, réunis sous le nom de Loyalistes.

L'AN 2e. de la liberté, le vingt-unième jour du troisième mois et de l'Ere vulgaire, le 10 septembre 1790.

L'ASSEMBLÉE générale extraordinairement convoquée pour délibérer sur *l'émission de deux milliards de papiers assignats-monnoie*, destinés à l'acquit de la dette exigible de l'état.

Considérant, 1°. que, puisque l'assemblée nationale a désiré le concours de toutes les lumières, sur un point aussi important, il est du devoir des *fils aînés de la révolution*, réunis sous le nom de Loyalistes, après avoir été *les premiers défenseurs* de la constitution , d'émettre leur vœu (ainsi que tous les citoyens) sur une opération , de laquelle on peut dire que va dépendre une deuxième fois le salut de la France.

2°. Que , pour résoudre une question aussi délicate, il convient d'observer avant tout , que , de même que dans les corps animés, c'est le mouvement sans cesse reproduit et sagement balancé entre les liquides et les solides , qui leur donne et conserve l'existence , ainsi , dans un corps politique , c'est la circulation continuelle des valeurs fictives et du métail solide qui *est le principe de la vie ;* mais qu'il est nécessaire que cette circulation soit calculée sur une proportion si claire et si exacte, entre le dit métal monoyé et ses valeurs représentatives, que la confiance puisse, d'elle-même et sans aucun effort, s'établir sur la certitude évidente de l'acquit possible de ces dernières par le numéraire effectif, & devenir *ainsi la base du crédit national.*

(5)

3°. Qu'à la vérité, le papier *assignat-monnoye* proposé, acquiert, par la manière dont il est établi, *une valeur plus que représentative, et qui paroît être même au dessus du métal monnoyé*, puisqu'il doit avoir pour garant une hypothèque immobiliaire, & qu'il a d'avance pour caution, la destruction des abus, la répartition égale de l'impôt, la cessation des privilèges, les économies et les améliorations, enfin *l'honneur de la nation*.

4°. Que, néanmoins la valeur positive de l'hypothèque immobiliaire, sur laquelle l'opération est principalement assise, n'est pas encore en ce moment assez évidemment constatée, pour devenir *également* aux yeux de tout le monde, la *garantie* suffisante d'une émission aussi considérable que celle qui est proposée.

5°. Que, d'après ces premières règles inviolables du crédit, si l'on réfléchit à la situation extrême des finances, et à la stagnation générale du commerce, il est impossible de considérer, sans frémir, le défaut presque total de circulation, la rareté effective du numéraire, le discrédit général qui resserre toutes les bourses, et les banqueroutes partielles qui déjà s'opèrent journellement, par le retard de tous les paiemens ; qu'il est donc instant pour le *salut public*, d'obvier à tant de calamités par quelque opération prompte et sûre, afin de suspendre au moins, les tristes effets du désordre général, qui ne peut manquer d'être la suite forcée de la gêne horrible et de la misère profonde qui s'étendent chaque jour sur toutes les classes des citoyens.

6º. Que cependant, en cherchant à remédier à des maux aussi pressans, le plus cruel de tous seroit d'anéantir absolument la confiance, par une émission trop considérable d'assignats qui, en *triplant* la représentation du numéraire, ne présenteroit pas en même-tems à l'œil inquiet de ceux qui le possèdent, dans la vente des biens nationaux, un gage assez évident pour le faire croire suffisant.

7°. Que, malgré cette émission immense, l'opération proposée, non-seulement devient déjà douteuse par l'insuffisance présumable de l'hypothèque, mais qu'elle ne seroit encore que *partielle*, puisque la dette prétendue (1) exigible, qu'on évalue à 1900 millions, ne constitue pas le tiers de la dette réelle ; qu'ainsi, ce remède violent présente, sous ces deux aspects, une tentative doublement hazardeuse, dont le sort dépendra entièrement de l'opinion ; qu'il

---

(1) Le dernier rapport de M. Necker établit assez clairement, que la dette véritablement exigible, ne peut pas être évaluée à plus de 700 millions environ, et que le remboursement total des charges de judicature ne s'éleveroit qu'à 250 millions.

A 4

est donc possible et même à redou-
ter, que cette opinion ne tourne le len-
demain à son désavantage ; et qu'alors
compromettant le crédit national de la
manière la plus sensible, elle ne décide
subitement le plus désastreux des évè-
nemens, en mettant l'état dans la funeste
nécessité d'une *banqueroute générale*.

8°. Enfin, qu'en se persuadant bien
que, de même qu'il est indubitable que
le plus infortuné des français donnera
avec joie jusques à son dernier véte-
ment, lorsqu'à côté de ce sacrifice il
verra *la certitude de la libération totale
de la France* ; de même les ressources
les plus heureuses et qui paroissent les
plus certaines, s'évanouiront dans les
mains de l'administration, tant que l'on
n'aura recours qu'à des *demi-moyens* qui
ne font qu'ajouter à la profondeur de
nos maux.

En conséquence, il est arrêté que le

vœu de la société des Loyalistes , cal-
culé sur celui des plus fidèles défenseurs
de la constitution est ;

Premièrement , qu'en se bornant à satisfaire aux besoins instans de la chose
publique , il soit émis seulement (et ce
successivement à fur et mesure desdits
besoins) telle quantité d'assignats qui sera
déterminée indispensable pour le service
entier et complet de l'année 1791 , (1)

––––––––––

(1) Si l'on considère attentivement , 1°. quelle
est la masse de l'arriéré , sur les impositions de
1789 , qui ont été remplacées par les 400 millions des premiers assignats ; 2°. quelles sont
déjà les économies, améliorations et augmen-
tations de recette pour la même année 1789,
par la suppression des privilégiés , il sera fa-
cile de s'assurer qu'il est impossible que les
besoins extraordinaires pour l'année 1791 exi-
gent même une avance de plus de 100 ou 150
millions , le surplus des 600 millions nouvelle-
ment créés pourra donc être appliqué à un

laquelle quantité ne pourra excéder celle de 600 millions, lesquels avec les 400 millions déjà émis, formeroient celle d'un milliard, valeur pour laquelle il est impossible de douter que le gage présenté, dans la vente des biens nationaux, ne soit suffisant.

Secondement. Qu'avant tout le remboursement des charges de magistrature supprimées soit effectué et pris sur les 600 millions d'asignats qui seront crées, conformément à l'article ci-dessus.

Troisièmement. Que lesdits assignats ne portent point d'intérêt, et que pour subvenir aux besoins urgens de la circulation et au soulagement de la classe souf-

premier remboursement partiel de toutes les charges supprimées, afin de fournir un premiers secours qu'il est de la justice de donner à ceux que l'on a privé de leur état.

frante du peuple , il en soit établi au moins pour la valeur de 30 à 40 millions en petits billets de 50 et de 100 **livres** seulement.

Quatrièmement. Que pour obvier à l'embarras du change des billets de 50 livres, il soit fabriqué à l'instant pour la valeur de 20 à 30 millions de nouveaux *billons*, en bannissant sur-tout les pièces de 2 sols, et en établissant, s'il est possible, de nouvelles pièces de la valeur de 5, 10, 15 et 20 sols qui seroient infiniment préférables pour les paiemens courans.

Cinquièmement. Que pendant la susdite année 1791, aux besoins de laquelle il aura été ainsi pourvu, il soit *sans plus de délai* procédé ;

1°. A l'état définif de la dette nationale, première base à constater enfin, pour satisfaire au vœu qui a été énoncé le premier dans tous les cahiers de la France.

2°. A l'adoption du mode définitif pour asséoir les nouvelles contributions que l'ancien régime désignoit sous le nom vil d'impositions et à la vérification exacte de leur perception ainsi que de leur produit.

3°. A l'évaluation précise des économies, réductions et améliorations, ainsi qu'à celle des propriétés nationales, soit qu'elles proviennent des biens du clergé, où des domaines de la couronne.

4°. A la fixation absolue de la dépense et de la recette.

5°. A la réserve d'un fond quelconque d'amortissement.

6°. Enfin d'après toutes ces bases, à un plan général de liquidation qui, en éclairant et rassurant la France entière, puisse au moins présenter à chaque citoyen en particulier, et à tous en général, la

certitude de ne plus être vainement tour-
mentés et épuisés par d'inutiles sacrifices.

Ce n'est alors , qu'en montrant à la
nation entière d'une manière aussi évidente que le jour, la possibilité ou plutôt
la certitude d'éteindre dans un terme
fixe , toutes les valeurs fictives à créer , soit
par des hypothèques immobiliaires dési-
gnées et affectées par numéro à chaque
classes desdites valeurs , soit par la réserve invariable d'un fonds d'amortissement, qu'il sera possible de tenter , s'il est
nécessaire , une émission subite d'un
grand nombre d'*assignats-monnoie* , et d'en
tirer (par la suppression des intérêts trop
onéreux que l'état paye) les grands avan-
tages dont le tableau n'est aujourd'hui
qu'une séduisante probabilité , et qui , quel-
ques grands qu'ils soient, ne peuvent pas
dans la crise actuelle balancer le danger
incalculable d'un discrédit possible , et
peut-être trop présumable dont l'effet désastreux seroit, à l'instant, l'anéantissement de

la dernière ressource de la nation , et par conséquent la ruine entière de l'état et le déshonneur de la France.

Il a été de plus arrêté que la présente délibération sera adressée à M. le maire de Paris , à Messieurs les représentans de la commune , et au comité des finances de l'assemblée nationale , comme une preuve de l'attention vigilante des *francs constitutionnaires* réunis sous le nom de *Loyalistes*, à concourir de tout leur pouvoir et de toutes leurs lumières (comme ils l'ont fait dans les tems orageux par leur zèle et leur dévouement) à la régénération qui s'est préparée avec tant de gloire , et qui s'achève avec tant de peine.

Fait à Paris , les jour et an que dessus.

DE SAUDRAY, *président.*
PELLETIER DELEPINE, FOURNIER, *commissaires.*

Note intéressante.

La société des Loyalistes profite avec empressement de cette circonstance pour annoncer que dès le moment que les bases demandées dans l'arrêté ci-dessus seront fixées et connues, elle se propose de présenter à l'assemblée nationale un plan certain de restauration générale des finances, ainsi que d'acquitement de la *dette publique*, lequel plan n'exigera jamais à la fois au-delà d'une *émission successive de 300 millions d'assignats* , dont chacun aura une hypotèque spéciale désignée qui lui sera affectée et qui sera saisissable en cas de non paiement, avec l'avantage de supprimer en même tems tous autres papiers quelconques qui sont actuellement sur la place; par conséquent de détruire définitivement l'agiotage, de parer à toute possibilité de contrefaction, et de réformer tous les inté-

rêts onéreux à l'état, même les intérêts
viagers, sur-tout ceux provenant des em-
prunts désastreux sur plusieurs têtes de Ge-
nêve.

www.ingramcontent.com/pod-product-compliance
Lightning Source LLC
LaVergne TN
LVHW010102060726
842524LV00006B/2263